قوتابخانە - die Schule 2
سەفەر - die Reise 5
گواستنەوە - der Transport 8
شار - die Stadt 10
دیمەن - die Landschaft 14
ڕێستۆرانت - das Restaurant 17
سوپەرمارکێت - der Supermarkt 20
خواردنەوە - die Getränke 22
خواردن - das Essen 23
مەزرا - der Bauernhof 27
ماڵ، خانوو - das Haus 31
ژووری دانیشتن - das Wohnzimmer 33
چێشتخانە - die Küche 35
حەمام، ئاودەستخانە - das Badezimmer 38
ژووری منداڵ - das Kinderzimmer 42
جلوبەرگ - die Kleidung 44
نووسینگە، فەرمانگە - das Büro 49
ئابووری - die Wirtschaft 51
ئیشەکان - die Berufe 53
ئامراز و کەرەستە - die Werkzeuge 56
ئامێرەکانی مووزیک - die Musikinstrumente 57
باخچەی ئاژەڵان - der Zoo 59
وەرزش - der Sport 62
چالاکیەکان - die Aktivitäten 63
بنەماڵە - die Familie 67
جەستە، لەش - der Körper 68
نەخۆشخانە، خەستەخانە - das Spital 72
ئورژانس، بەشی فریاکەوتن - der Notfall 76
ئەرز، زەوی - die Erde 77
کاتژمێر - die Uhr 79
هەفتە - die Woche 80
ساڵ - das Jahr 81
شێوەکان - die Formen 83
ڕەنگەکان - die Farben 84
دژبەرەکان - die Gegenteile 85
ژمارەکان - die Zahlen 88
زمانەکان - die Sprachen 90
کێ / چی / چۆن - wer / was / wie 91
شوێن - wo 92

Impressum
Verlag: BABADADA GmbH, Nedderfeld 112 , 22529 Hamburg
Geschäftsführer / Verlagsleitung: Harald Hof
Druck: Books on Demand GmbH, In de Tarpen 42, 22848 Norderstedt

Imprint
Publisher: BABADADA GmbH, Nedderfeld 112 , 22529 Hamburg, Germany
Managing Director / Publishing direction: Harald Hof
Print: Books on Demand GmbH, In de Tarpen 42, 22848 Norderstedt, Germany

1

قوتابخانه

die Schule

پۆل
das Klassenzimmer
دابەشکردن
dividieren
186/2
تەختە
die Tafel
der Schulhof
مامۆستا
der Lehrer
کاغەز
das Papier
نووسین
schreiben
پێنووس
der Stift
مێزی نووسین
der Schreibtisch
خەتکێش
das Lineal
کتێب
das Buch
خوێندکار
die Schüler

چەواڵ

die Schultasche

جانتای پێنووس

die Federmappe

پێنووس

der Bleistift

تیژکەرەوەی پێنووس

der Bleistiftspitzer

ڕەشکەرەوە

der Radierer

پەدی نیگارکێشان

der Zeichenblock

نیگارکێشان
....
die Zeichnung

فڵچەی ڕەنگ
....
der Pinsel

قوتووی ڕەنگ
....
der Malkasten

مەقەست
....
die Schere

چەسپ، کەتیرە
....
der Klebstoff

کتێبی ڕاهێنان
....
das Übungsheft

کاری ماڵەوە
....
die Hausübung

12

ژمارە
....
die Zahl

2+2

زیدەکردن
....
addieren

5-2

کەمکردن
....
subtrahieren

2×2

لێکدان
....
multiplizieren

حسابکردن، ژماردن
....
rechnen

A

پیت
....
der Buchstabe

ABCDEFG
HIJKLMN
OPQRSTU
VWXYZ

ئەلفوبێ
....
das Alphabet

hello

وشە
....
das Wort

نووسراوە، دەق
....
der Text

خوێندنەوە
....
lesen

گەچ
....
die Kreide

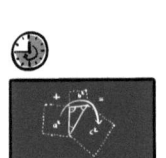

خول، دەرس
....
die Unterrichtsstunde

تۆمارکردن
....
das Klassenbuch

ئەزموون، تاقیکردنەوە
....
die Prüfung

بڕوانامە
....
das Zeugnis

جلی قوتابخانە
....
die Schuluniform

پەروەردە
....
die Ausbildung

زانیاری نامە
....
das Lexikon

زانکۆ
....
die Universität

میکرۆسکۆپ
....
das Mikroskop

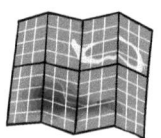

خەریتە، نەخشە
....
die Karte

سەبەتەی کاغەز
....
der Papierkorb

die Reise

میوانخانە، هۆتێل
das Hotel
Grand
میوانخانە
die Jugendherberge
نووسینگەی گۆڕینەوەی دراو
die Wechselstube
جانتا، ساک
der Koffer
ئۆتۆمۆبیل
das Auto

زمان

die Sprache

بەڵێ / نەخێر

ja / nein

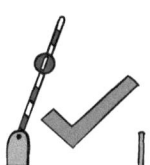

باشە

Okay

سڵاو

Hallo

وەرگێڕی دەق

die Dolmetscherin

سپاس

Danke

بەچەندە ...؟

....

Wie viel kostet ...?

من تێناگەم

....

Ich verstehe nicht.

کێشە

....

das Problem

ئێوارە باش!

....

Guten Abend!

بەیانی باش!

....

Guten Morgen!

شەو باش!

....

Gute Nacht!

ماڵئاوا، بەخێرچی

....

Auf Wiederschaun!

ئاراستە، ڕێڕەو

....

die Richtung

جانتا

....

das Gepäck

جانتا

....

die Tasche

کۆڵەپشتی

....

der Rucksack

میوان

....

der Gast

ژوور، دیو

....

das Zimmer

کیسەخەو

....

der Schlafsack

چادر، دەوار

....

das Zelt

زانیاری بۆ گەشتیار

....

die Touristeninformation

کەناراو

....

der Strand

کارتی قەرز

....

die Kreditkarte

نانی بەیانی

....

das Frühstück

نانی نیوەڕۆ

....

das Mittagessen

نانی شەو

....

das Abendessen

بلیت

....

die Fahrkarte

ئاسانسۆر

....

der Lift

پوول، تەمر

....

die Briefmarke

سنوور

....

die Grenze

گومرک

....

der Zoll

باڵوێزخانە

....

die Botschaft

ڤیزا

....

das Visum

پاسەپۆرت

....

der Pass

گواستنەوە

der Transport

کەشتی
das Schiff
فڕۆکە
das Flugzeug
مەکینەی ئاگرکوژێنەوە
das Feuerwehrauto
لۆری
der Lastwagen
پاس
der Bus
بەلەمی ماتۆڕی
das Motorboot
ئۆتۆمۆبیل
das Auto
دووچەرخە، پایسکل
das Fahrrad

کەشتی گواستنەوە
....
die Fähre

بەلەمی ماتۆڕی
....
das Boot

ماتۆڕ
....
das Motorrad

ئوتومبێلی پۆلیس
....
das Polizeiauto

ئوتومبێلی پێشبڕکێ
....
das Rennauto

ئۆتۆمۆبیلی کرێ
....
der Mietwagen

ئۆتۆمۆبیل هاوبەشکردن

....

das Carsharing

لۆری ڕاکێشکردن

....

der Abschleppwagen

لۆری زبڵ

....

der Müllwagen

ماتۆڕ

....

der Motor

سووتەمەنی

....

der Kraftstoff

وێستگەی بەنزین

....

die Tankstelle

تابڵۆی هاتووچۆ

....

das Verkehrsschild

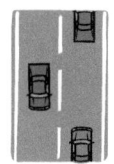

هاتووچۆ

....

der Verkehr

ترافیک

....

der Stau

شوێنی ڕاگرتنی ئۆتۆمۆبیل

....

der Parkplatz

وێستگەی شەمەندەفەر

....

der Bahnhof

هێڵی ئاسن

....

die Schienen

شەمەندەفەر

....

der Zug

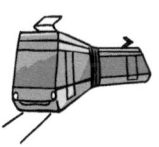

قەتاری سەرشەقام

....

die Straßenbahn

داشقە

....

der Wagon

هەلیکۆپتەر

der Hubschrauber

فرۆکەخانە

der Flughafen

بورج

der Tower

نەفەر

der Passagier

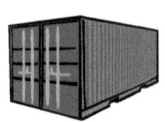

دەفر، کانتینەر

der Container

کارتۆن

der Karton

داشقە

der Rollwagen

سەوەتە

der Korb

هەڵفڕین / نیشتن

starten / landen

شار

die Stadt

گوند، دێهات

das Dorf

ناوەندی شار

das Stadtzentrum

ماڵ، خانوو

das Haus

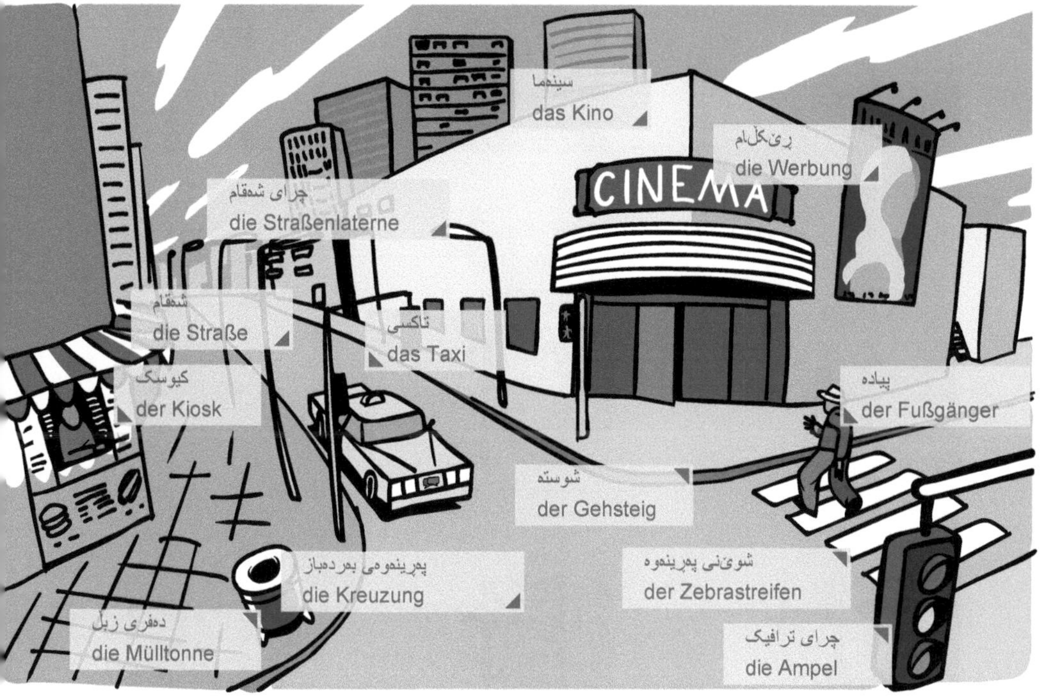

سینەما
das Kino
ڕێکلام
die Werbung
چرای شەقام
die Straßenlaterne
CINEMA
شەقام
die Straße
تاکسی
das Taxi
کیوسک
der Kiosk
پیادە
der Fußgänger
شوستە
der Gehsteig
پەڕینەوەی بەردەباز
die Kreuzung
شوێنی پەڕینەوە
der Zebrastreifen
دەفری زبڵ
die Mülltonne
چرای ترافیک
die Ampel

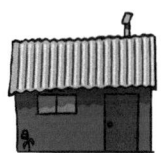

خانووچکە
....
die Hütte

نهۆم، باڵەخانە
....
die Wohnung

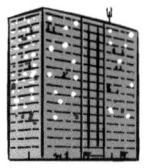

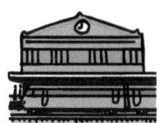

وێستگەی شەمەندەفەر
....
der Bahnhof

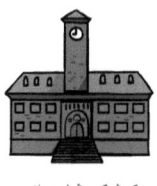

کۆشکی شارەوانی
....
das Rathaus

MUSEUM

مۆزەخانە
....
das Museum

قوتابخانە
....
die Schule

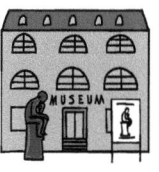

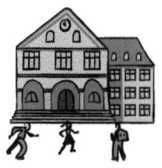

زانكۆ

die Universität

بانک

die Bank

نەخۆشخانە، خەستەخانە

das Spital

میوانخانە، هۆتێل

das Hotel

دەرمانخانە

die Apotheke

نووسینگە، فەرمانگە

das Büro

کتێبفرۆشی

die Buchhandlung

دووکان

das Geschäft

گوڵفرۆشی

der Blumenladen

سوپەرمارکێت

der Supermarkt

بازار

der Markt

فرۆشگا

das Kaufhaus

ماسیفرۆش

der Fischhändler

ناوەندی کڕین

das Einkaufszentrum

بەندەر

der Hafen

پارک
....
der Park

کورسی درێژ
....
die Bank

پرد
....
die Brücke

پێ پیلکان
....
die Stiege

ژێرزەوی
....
die U-Bahn

تونێل
....
der Tunnel

وێستگەی پاس
....
die Bushaltestelle

مەیخانە
....
die Bar

ڕێستورانت
....
das Restaurant

سندووقی پۆست
....
der Briefkasten

تابلۆی شەقام
....
das Straßenschild

پێوەری پارکینگ
....
die Parkuhr

باخچەی ئاژەڵان
....
der Zoo

حەوزی مەلە
....
die Badeanstalt

مزگەوت
....
die Moschee

مەزرا

der Bauernhof

پیسبوونی ژینگە

die Umweltverschmutzung

قەبرستان، گۆرستان

der Friedhof

کەنیسە

die Kirche

شوێنی یاری

der Spielplatz

پەرستگا

der Tempel

دیمەن

die Landschaft

گەڵا
das Blatt

تابلۆی ڕێنیشاندەر
der Wegweiser

ڕێگا
der Weg

مەڕگ
die Wiese

بەرد
der Stein

شاخەوان
der Wanderer

دار
der Baum

ڕووبار، چەم
der Fluss

گژوگیا
das Gras

گوڵ
die Blume

دۆڵ، شیو

das Tal

بەرزایی

der Hügel

دەریاچە

der See

دارستان

der Wald

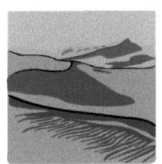

چۆڵەوار

die Wüste

بورکان

der Vulkan

قەڵا

das Schloss

کۆلکەزێرینە

der Regenbogen

کارگ

der Pilz

دارخورما

die Palme

مێشوولە

der Moskito

مێشوولە

die Fliege

مێروولە

die Ameise

مێش هەنگوین

die Biene

جاڵجاڵووکە

die Spinne

دیمەن - die Landschaft   15

قالۆنچە
....
der Käfer

بۆق
....
der Frosch

سمۆرە
....
das Eichhörnchen

ژیشک
....
der Igel

کەروێشکە کێوی
....
der Hase

کوند
....
die Eule

باڵەندە
....
die Vogel

قازی سپی
....
der Schwan

بەرازی کێوی
....
das Wildschwein

ئاسک
....
der Hirsch

بزنە کێوی
....
der Elch

بەنداو
....
der Staudamm

تۆربینی با
....
das Windrad

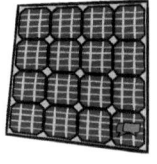

پەڕەی خۆری
....
das Solarmodul

ئاووهەوا
....
das Klima

16 دیمەن - die Landschaft

ڕێستۆرانت

das Restaurant

خزمەتکار
der Kellner
لیستە، پێڕست
die Speisekarte
کورسی
der Sessel
سووپ، شۆرباو
die Suppe
پیتزا
die Pizza
سفرە
die Tischdecke
das Besteck

خواردنی دەستپێک

die Vorspeise

خواردنی سەرەکی

das Hauptgericht

دێسێر

die Nachspeise

خواردنەوە

die Getränke

خواردن

das Essen

بوتڵ

die Flasche

خواردنی خێرا
....
das Fastfood

خواردنی سەرشەقام
....
das Streetfood

قۆری
....
die Teekanne

قوتووی شەکر
....
die Zuckerdose

بەش
....
die Portion

ئامێری سازکردنی قاوەی ئێسپرەسۆ
....
die Espressomaschine

کورسی بەرز
....
der Kinderstuhl

تێچوو
....
die Rechnung

کەشەف
....
das Tablett

چەقۆ
....
das Messer

چنگاڵ
....
die Gabel

کەوچک
....
der Löffel

کەوچکی چا
....
der Teelöffel

دەسماڵ
....
die Serviette

لیوان، پەرداخ
....
das Glas

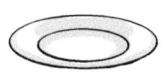

قاپ، دەوری، دەفر

der Teller

قاپی شۆرباو

der Suppenteller

ژێرپیاڵه

die Untertasse

سۆس

die Sauce

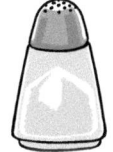

خوێدان

der Salzstreuer

هاڕەری بیبار

die Pfeffermühle

سرکه

der Essig

ڕۆن

das Öl

بەهارات

die Gewürze

دۆشاوی تەمات، سۆسی تەماته

das Ketchup

سۆسی موستارد

der Senf

سۆسی مایۆنێز

die Mayonnaise

سوپەرماركێت

der Supermarkt

داشکاندنی تایبەتی
das Angebot
مشتەری
der Kunde
شیرەمەنی
die Milchprodukte
میوە
das Obst
داشقە
der Einkaufswagen

دووکانی قەسابی
....
die Schlachterei

نانەواخانە
....
die Bäckerei

کێشان
....
wiegen

سەوزی
....
das Gemüse

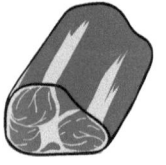

گۆشت
....
das Fleisch

خواردنی بەستوو
....
die Tiefkühlkost

گۆشتی سارد

der Aufschnitt

خواردنی کۆنسێرو

die Konserven

دەرمانی بشۆر

das Waschmittel

شیرینی

die Süßigkeiten

بەرهەمی خۆماڵی

die Haushaltsartikel

بەرهەمی خاوێنکردنەوە

das Reinigungsmittel

فرۆشیار

die Verkäuferin

ژمێرەر

die Kassa

ژمێریار، خەزنەدار

die Kassiererin

لیستی کڕین

die Einkaufsliste

کاتی دەوام

die Öffnungszeiten

کیسەباخەڵ، جزدان

die Brieftasche

کارتی قەرز

die Kreditkarte

توورەکە، کیسە

die Tasche

توورەکە

die Plastiktüte

خواردنەوە

die Getränke

ئاو

das Wasser

شەربەت

der Saft

شیر

die Milch

خەڵووز

die Cola

شەراب

der Wein

بیرە

das Bier

ئەڵکوڵ

der Alkohol

کاکاو

der Kakao

چایی، چا

der Tee

قاوە

der Kaffee

قاوەی ئێسپرێسۆ

der Espresso

کاپۆچینۆ

der Cappuccino

خواردن

das Essen

مۆز

die Banane

سێو

der Apfel

پرتەقاڵ

die Orange

کاڵەک

die Melone

لیمۆ

die Zitrone

گێزەر

die Karotte

سیر

der Knoblauch

حەیزەران

der Bambus

پیاز

die Zwiebel

کارگ

der Pilz

سەموونە، گوێز، ناوکە

die Nüsse

نوودڵ

die Nudeln

ماکارۆنی
....
die Spaghetti

برینج
....
der Reis

زەلاتە
....
der Salat

چیپس
....
die Pommes frites

پەتاتەی برژاو، پەتاتەی سوورۆکراو
....
die Bratkartoffeln

پیتزا
....
die Pizza

هەمبرگێر
....
der Hamburger

ساندویچ، دۆندرمە
....
das Sandwich

پارچە گۆشت
....
das Schnitzel

گۆشتی بەراز
....
der Schinken

گۆشتی بەراز
....
die Salami

سۆسیس
....
die Wurst

مریشک
....
das Huhn

برژاندن، نرژان
....
der Braten

ماسی
....
der Fisch

شۆرباوی ساوار

....

die Haferflocken

دانەوێڵەمی تێکەڵ

....

das Müsli

دانەی دانەوێڵە

....

die Cornflakes

ئارد

....

das Mehl

کرۆسانت، نانێکی فەرەنسی

....

das Croissant

نانی خڕ

....

die Semmel

نان

....

das Brot

نانی برژاو

....

der Toast

بسکیت

....

die Kekse

کەرە، ڕۆنی کەرە

....

die Butter

سەرتوێژ، توێژ

....

der Topfen

کەیک

....

der Kuchen

هێلکە

....

das Ei

هێڵکەی برژاو

....

das Spiegelei

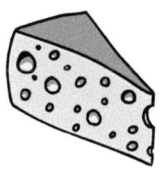

پەنیر

....

der Käse

بەستەنی، دۆندرمە

die Eiscreme

شەکر

der Zucker

هەنگوین

der Honig

مرەبا

die Marmelade

خامەی نۆگات

der Schokoladenaufstrich

بەهارات

das Curry

خواردن - das Essen

مەزرا
der Bauernhof

كۆخ (ماڵ له مەزرا)
das Bauernhaus
تەویله
die Scheune
کڵۆشی کا
der Strohballen
مەزرا
das Feld
das Pferd
ماڵی سەفەری
der Anhänger
تراکتور
der Traktor
جوانوو
das Fohlen
کەر، گوێدرێژ
der Esel
مەڕ
das Schaf
بەرخ
das Lamm

بزن

die Ziege

مانگا

die Kuh

گوێلک

das Kalb

بەراز

das Schwein

فەرخە بەراز

das Ferkel

جوانەگا

der Stier

مەزرا - der Bauernhof 27

قاز

die Gans

مراوی

die Ente

جووچک

das Küken

مریشک

das Huhn

کەڵەشێر

der Hahn

جرج

die Ratte

پشیلە

die Katze

مشک

die Maus

گا

der Ochse

سە، سەگ

der Hund

کونە سە

die Hundehütte

سۆندە

der Gartenschlauch

تونگەی ئاودان

die Gießkanne

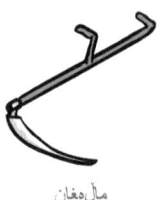

ماڵەغان

die Sense

گاسن

der Pflug

داس

....

die Sichel

مەڕە

....

die Hacke

شەنە

....

die Mistgabel

تەور

....

die Axt

عارەبانەی دەستیی

....

die Schubkarre

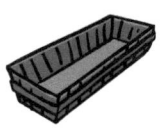

دەفری خواردنی ئاژەڵان

....

der Trog

دەفری شیر

....

die Milchkanne

تەلیس

....

der Sack

پەرژین

....

der Zaun

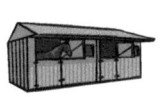

تەویلە

....

der Stall

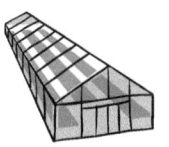

گوڵخانە

....

das Treibhaus

خۆڵ

....

der Boden

دەنک، تۆک

....

die Saat

پەین

....

der Dünger

کۆمباین

....

der Mähdrescher

دروێنەکردن

....

ernten

خەرمان

....

die Ernte

پەتاتە

....

die Yamswurzel

گەنم

....

der Weizen

لووبیا، فاسۆلیا

....

das Soja

پەتاتە

....

der Erdapfel

گەنمەشامی

....

der Mais

جۆرێک دەخڵودان

....

der Raps

داری بەری

....

der Obstbaum

سێوبنەعەرزیلە

....

der Maniok

دانەوێڵەی تێکەڵ

....

das Getreide

ماڵ، خانوو

das Haus

دووکەڵکێش
der Schornstein
سەربان
das Dach
die Regenrinne
پەنجەرە
das Fenster
die Garage
زەنگی دەرگا
die Klingel
دەرگا
die Tür
دەفری زبڵ
der Abfallkübel
سندووقی نامە
der Briefkasten
باخ
der Garten

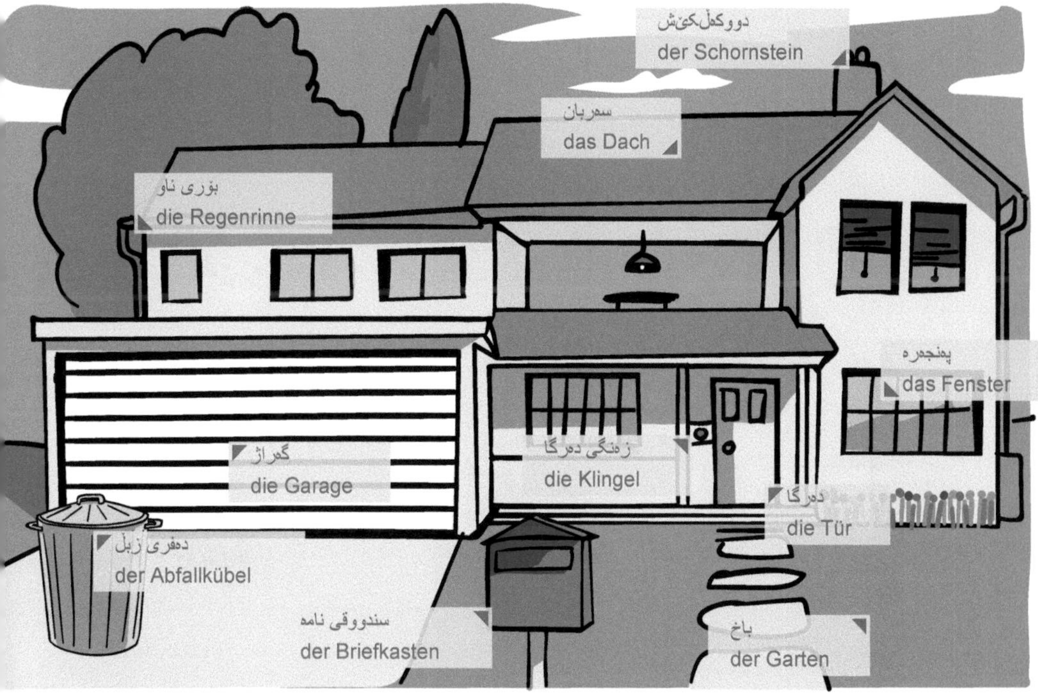

ژووری دانیشتن

das Wohnzimmer

حەمام، ئاودەستخانە

das Badezimmer

چێشتخانە

die Küche

ژووری خەو

das Schlafzimmer

ژووری منداڵ

das Kinderzimmer

ژووری نانخوارن

das Esszimmer

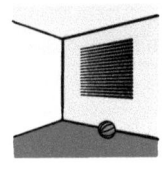

داڵان، ئەرز

der Boden

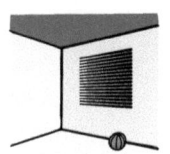

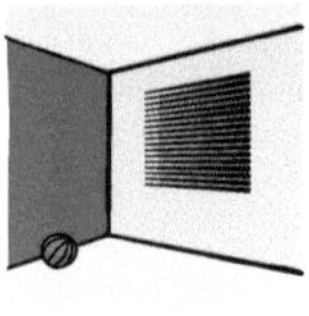

دیوار

die Wand

بن میچ

die Decke

ژێرزەمین

der Keller

ساونا

die Sauna

باڵکۆن، هەیوان

der Balkon

هەیوان

die Terrasse

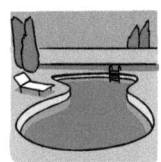

حەوز، مەلەوانگە

das Schwimmbad

گژوگیابڕ

der Rasenmäher

مەلافە

der Bettbezug

مەلافەی نوێن

die Bettdecke

پێخەف، نوێن

das Bett

گسک

der Besen

سەتڵ

der Kübel

سویچ، کلیل

der Schalter

ژووری دانیشتن

das Wohnzimmer

کاغەزی دیواری
die Tapete
وێنە
das Bild
لامپ، چرا، گڵۆب
die Lampe
das Regal
der Schrank
تەلەفیزیۆن
der Fernseher
ئاگردان
der Kamin
گوڵ
die Blume
باڵەنج، سەرین
der Polster
سۆفا
das Sofa
گوڵدان
die Vase
کۆنترۆڵ لە ڕێگەی دوور
die Fernbedienung

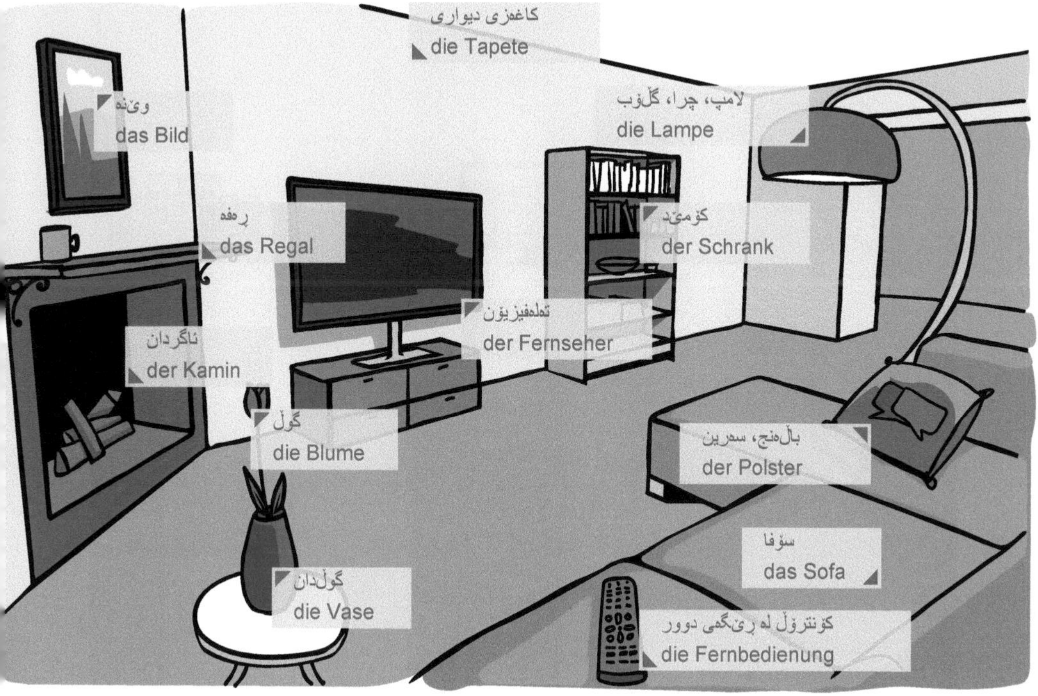

فەرش

....

der Teppich

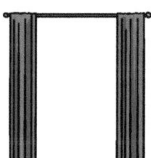

پەردە

....

der Vorhang

مێز

....

der Tisch

کورسی

....

der Sessel

کورسی ڕاژاندن

....

der Schaukelstuhl

کورسی دەسکدار

....

der Sessel

کتێب

das Buch

پەتوو، بەتانی

die Decke

ڕازاندنەوە

die Dekoration

داری سووتاندن

das Feuerholz

فیلم

der Film

ستێریۆ

die Stereoanlage

کلیل

der Schlüssel

ڕۆژنامە

die Zeitung

نیگار، نیگارکێشان

das Gemälde

پۆستەر

das Poster

ڕادیۆ

das Radio

تیانووس

der Notizblock

گسکی کارەبایی

der Staubsauger

کاکتووس

der Kaktus

مۆم

die Kerze

چێشتخانە
die Küche

ساردکەر
der Kühlschrank
مایکرۆوەیڤ
die Mikrowelle
die Küchenwaage
نان برژێن
der Toaster
دەرمانی خاوێنکردنەوە
das Reinigungsmittel
زۆپا، گاز
der Backofen
بەستێنەر
das Gefrierfach
دەفری زبڵ
der Abfallkübel
ئامێری قاپ شۆردن
der Geschirrspüler

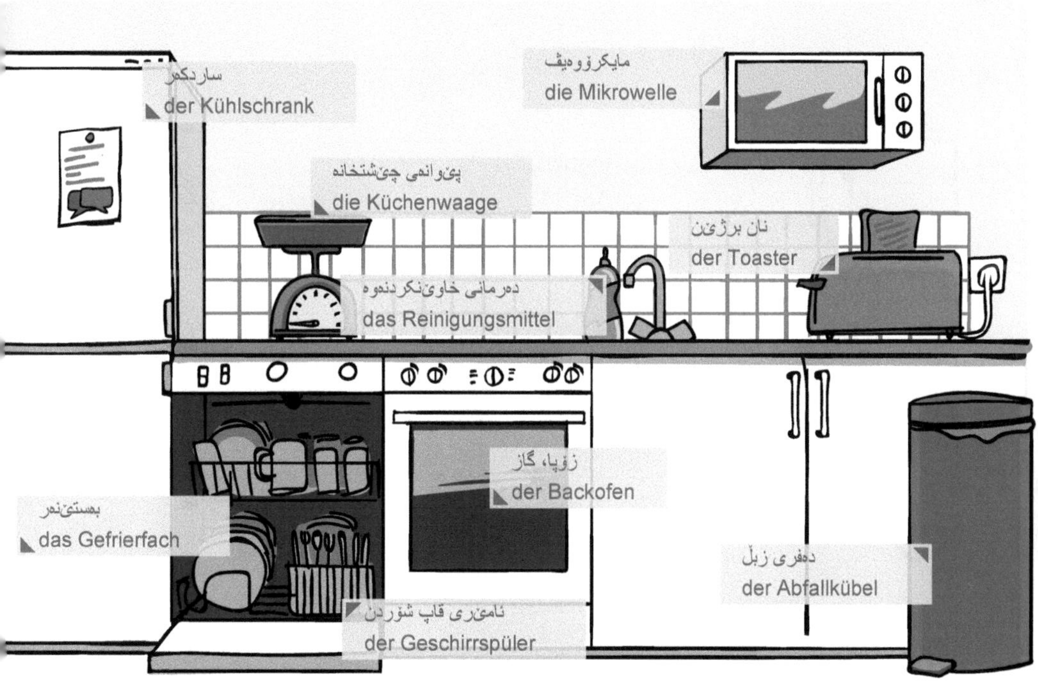

چێشتلێنەر

der Herd

مەنجەڵ

der Topf

قاپی ئوتوو

der Eisentopf

تاوەی قووڵ

der Wok / Kadai

تاوە

die Pfanne

کتری، ئاوگەمکەر

der Wasserkocher

چێشتلێنەری هەڵمی
....
der Dampfgarer

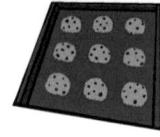

کەشەفی نانکردن
....
das Backblech

قاپ و قاچاغ
....
das Geschirr

کۆپ
....
der Becher

قاپ
....
die Schale

چیلکەی نانخواردن
....
die Essstäbchen

ئەسکوێ
....
der Schöpflöffel

کەوگیر
....
der Pfannenwender

گسک
....
der Schneebesen

سووزمە
....
das Kochsieb

بێژنگ
....
das Sieb

ئامێری جنینی پەنیر و سەوزە
....
die Reibe

دەستار
....
der Mörser

برژاندن
....
der Grill

ئاگر
....
das Kaminfeuer

تەختەی وردکردن

....

das Schneidebrett

تیرۆک

....

das Nudelholz

بورغی فلین

....

der Korkenzieher

قوتوو

....

die Dose

قوتووکەرەوە

....

der Dosenöffner

دەسرەی مەنجەڵ

....

der Topflappen

دەسشۆر

....

das Waschbecken

فڵچە

....

die Bürste

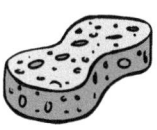

ئیسفەنج

....

der Schwamm

تێکەڵکەر

....

der Mixer

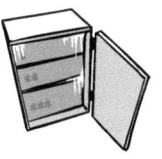

قەرسی

....

die Gefriertruhe

شووشە شیر

....

die Babyflasche

شێری ئاو

....

der Wasserhahn

حەمام، ئاودەستخانە
das Badezimmer

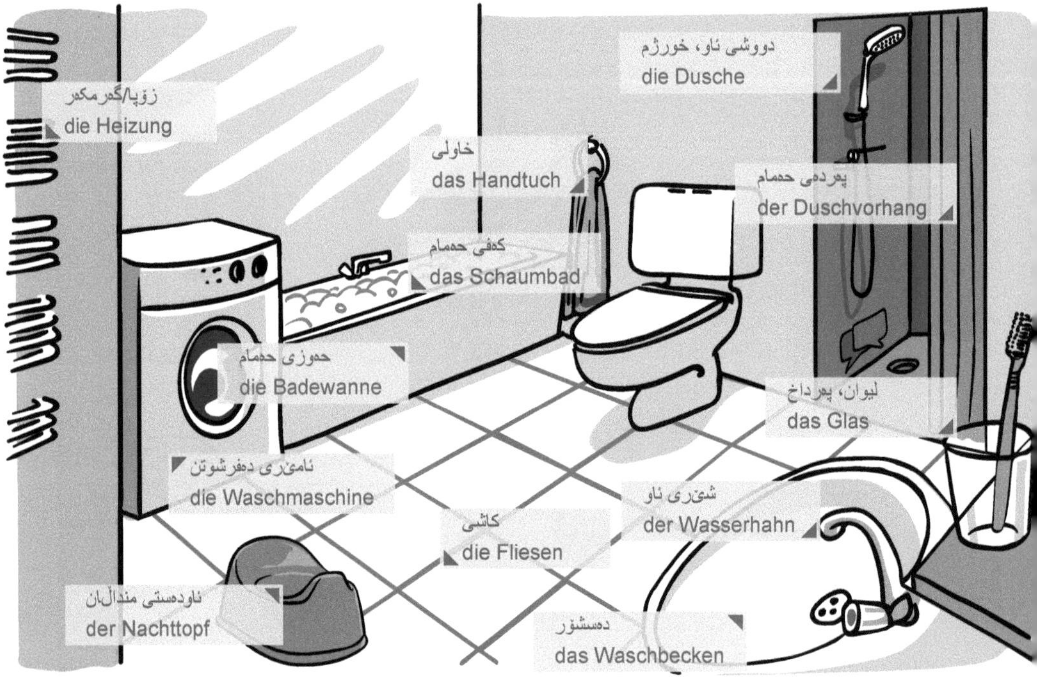

زۆپا/گەرمکەر
die Heizung
دووشی ئاو، خورژم
die Dusche
خاولی
das Handtuch
پەردەی حەمام
der Duschvorhang
کەفی حەمام
das Schaumbad
حەوزی حەمام
die Badewanne
لیوان، پەرداخ
das Glas
ئامێری دەفرشوتن
die Waschmaschine
شێری ئاو
der Wasserhahn
کاشی
die Fliesen
ئاودەستی منداڵان
der Nachttopf
دەستشۆر
das Waschbecken

ئاودەست، توالێت
das Klo

توالێتی نزم، ئاودەست
die Hocktoilette

جۆرێک توالێت
das Bidet

توالێت، ئاودەست
das Pissoir

کاغەزی ئاودەستخانە
das Klopapier

فڵچەی ئاودەستخانە
die Klobürste

فڵچەی ددان
....
die Zahnbürste

خەمیری ددان
....
die Zahnpasta

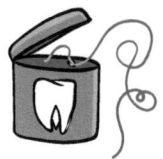

بەنی ددان
....
die Zahnseide

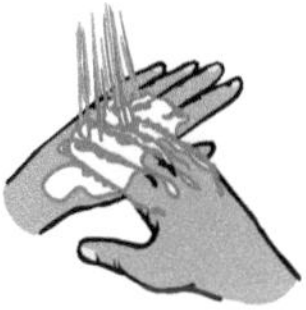

شۆردن، شوتن
....
waschen

خورژمی دەستی
....
die Handbrause

دووش
....
die Intimdusche

کاسەی دەستوچاوشوتن
....
die Waschschüssel

فڵچەی پشت
....
die Rückenbürste

سابوون
....
die Seife

جێڵی خۆشوتن
....
das Duschgel

شامپۆ
....
das Shampoo

فلانێل
....
der Waschlappen

ئاوەڕۆ
....
der Abfluss

کرێم
....
die Creme

بۆنخۆشکەرە
....
das Deodorant

ئاوێنە

....

der Spiegel

ئاوێنەی دەستی

....

der Kosmetikspiegel

مەکینەی ڕیش تاشین

....

der Rasierer

سابوونی ڕیش تاشین

....

der Rasierschaum

کرێمی دوای ڕیش تاشین

....

das Rasierwasser

شانە

....

der Kamm

فڵچە

....

die Bürste

سێشوار، سەرئیشککەرەوە

....

der Föhn

سپرەی قژ

....

das Haarspray

سووراوسپیاو

....

das Makeup

سووراو

....

der Lippenstift

ڕەنگی نینۆک

....

der Nagellack

لۆکە

....

die Watte

مەقەستی نینۆک

....

die Nagelschere

عەتر

....

das Parfum

کیسەی حەمام

der Kulturbeutel

کورسی بێ پشت

der Hocker

پێوەر

die Waage

خاولی حەمام

der Bademantel

دەستەوانەی چەرم

die Gummihandschuhe

تامپۆن

das Tampon

خاولی خاوێنکردنەوە

die Damenbinde

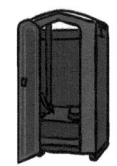

ئاودەستی کیمیایی

die Chemietoilette

ژووری منداڵ

das Kinderzimmer

سەعاتی زەنگدار
der Wecker
گەمەی شێرن
das Kuscheltier
ماشێنی یاری
das Spielzeugauto
شەقشەقەی منداڵ
die Rassel
خانووی بووکەشووشە
das Puppenhaus
دیاری
das Geschenk

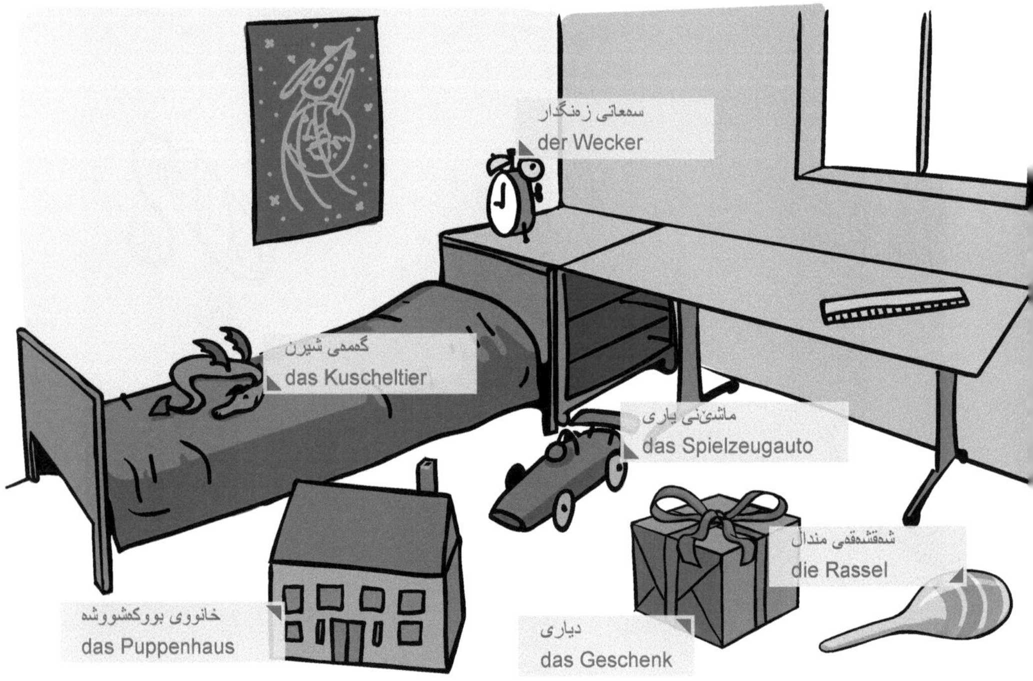

باڵۆن

....

der Ballon

پێخەف، نوێن

....

das Bett

داشقەی منداڵ

....

der Kinderwagen

گەمەی کارت

....

das Kartenspiel

مەتەڵ، مەتەڵۆک

....

das Puzzle

کۆمێدی

....

der Comic

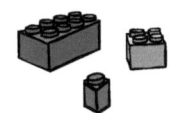

خشتی لێگۆ

die Legosteine

خشتی یاری

die Bausteine

بووکە شووشە

die Actionfigur

جلی منداڵ

der Strampelanzug

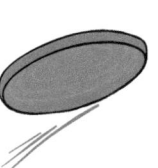

یاری فریزبی

das Frisbee

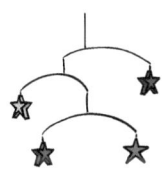

بزۆک، جووڵێنراو

das Mobile

یاری تەختە

das Brettspiel

مۆرە

der Würfel

مۆدێلی شەمەندەفەر

die Modelleisenbahn

مەمکە مژە

der Schnuller

میوانی، جەژن

die Party

کتێبی وێنەدار

das Bilderbuch

تۆپ

der Ball

بووکەشووشە

die Puppe

کایە کردن، یاری کردن

spielen

قۆرتی خیزوخۆڵ
....
der Sandkasten

جۆلانە
....
die Schaukel

کایەی منداڵان، یاری منداڵان
....
das Spielzeug

گەمەی ویدیۆیی
....
die Spielkonsole

سێچەرخە
....
das Dreirad

ورچی یاری
....
der Teddy

کەنتۆر
....
der Kleiderschrank

جلوبەرگ

die Kleidung

گۆرەوی
....
die Socken

گۆرەوی درێژ
....
die Strümpfe

گورەوی درێژ
....
die Strumpfhose

شاڵی مل
der Schal

چەتر
der Regenschirm

کراس
das T-Shirt

قایش، پشتێن
der Gürtel

چەکمە، پۆتین
die Stiefel

پێڵاوی ماڵ
die Hausschuhe

پێڵاو
die Turnschuhe

پاپوچ
....
die Sandalen

کەوش، پێڵاو
....
die Schuhe

چەکمەی چەرم
....
die Gummistiefel

پانتۆڵی ژێرەوە
....
die Unterhose

ستیان، سوخمە
....
der Büstenhalter

جلیسقە
....
das Unterhemd

جسته، لەش

....

der Body

پانتۆڵ

....

die Hose

پانتۆڵ

....

die Jeans

دامەن، تەنوورە

....

der Rock

کراس

....

die Bluse

کراس

....

das Hemd

بلووز

....

der Pullover

بلووز

....

der Kapuzenpullover

چاکەت

....

der Blazer

چاکەت

....

die Jacke

باڵتە

....

der Mantel

بارانی

....

der Regenmantel

پۆشاک

....

das Kostüm

کراسی ژنانە

....

das Kleid

جلی زەماوەند

....

das Hochzeitskleid

چاکەت و پانتۆڵ

der Anzug

جلی خەو

das Nachthemd

جلی خەو

der Pyjama

ساری

der Sari

لەچکە

das Kopftuch

جەمەدانە، سەرپێچ

der Turban

بۆرکا

die Burka

کەفتان

der Kaftan

عەبا

die Abaya

جل و بەرگی مەلەکردن

der Badeanzug

پانتۆڵی مەلە

die Badehose

پانتۆڵی کورت

die kurze Hose

جلوبەرگی ڕاهێنان

der Jogginganzug

بەروانکە، بەرکوشە

die Schürze

دەستەوانە

die Handschuhe

دوگمه
....
der Knopf

چاویلکه
....
die Brille

بازنه
....
das Armband

ملوانکه
....
die Halskette

ئهنگوستیله
....
der Ring

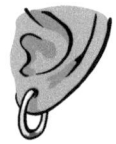

گواره
....
der Ohrring

کڵاو
....
die Mütze

داری جل هەڵواسین
....
der Kleiderbügel

کڵاو
....
der Hut

بۆینباخ
....
die Krawatte

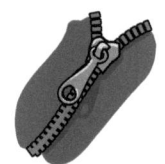

زیپ
....
der Reißverschluss

کڵاوی پارێزەر
....
der Helm

هەڵگر
....
der Hosenträger

جلی قوتابخانه
....
die Schuluniform

یەکپۆش
....
die Uniform

بەرلیکە، بەرکۆشی منداڵ

das Lätzchen

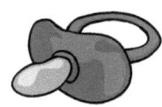

مەمکە مژە

der Schnuller

دایبی، پەڕۆشۆر

die Windel

نووسینگە، فەرمانگە

das Büro

der Server
دۆڵابی بەڵگە
der Aktenschrank
چاپکەر
der Drucker
کاغەز
das Papier
مۆنیتۆر، پیشانگەر
der Monitor
ماوس
die Maus
مێزی نووسین
der Schreibtisch
بۆخچە
der Ordner
تەختەکلیل
die Tastatur
سەبەتەی کاغەز
der Papierkorb
کۆمپیوتەر
der Computer
کورسی
der Sessel

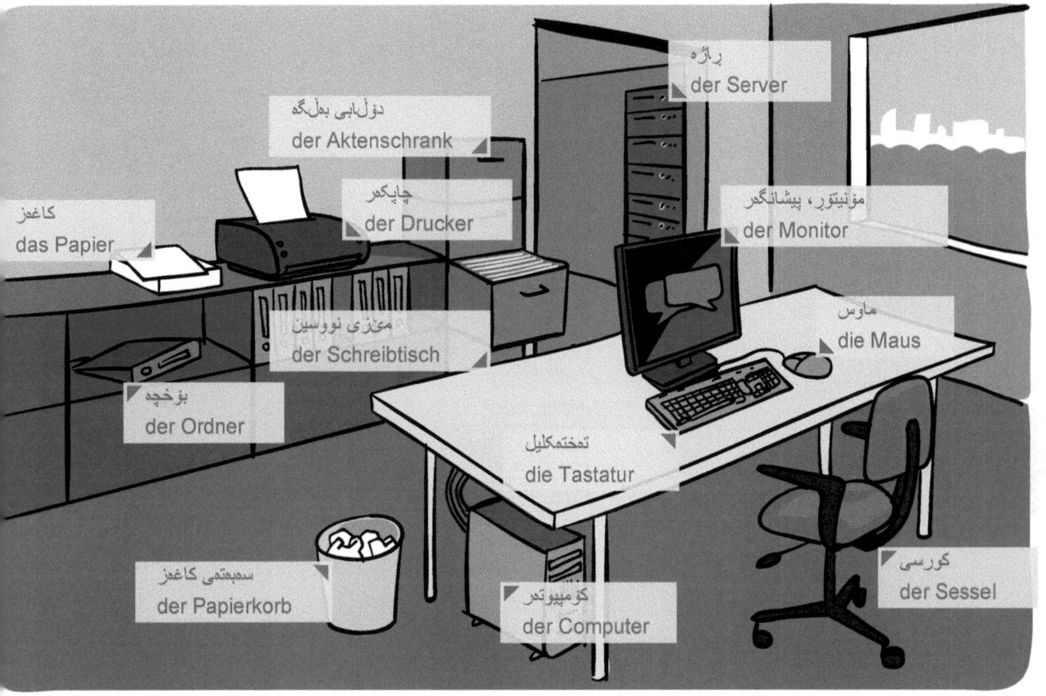

کۆپی قاوە

der Kaffeebecher

ژمێرەر

der Taschenrechner

ئینتەرنێت

das Internet

لەپتۆپ

....

der Laptop

نامە

....

der Brief

پەیام

....

die Nachricht

موبایل، تەلەفۆنی دەست

....

das Handy

تۆڕ

....

das Netzwerk

ئامێری لەبەرگرتنەوە، کۆپیکەر

....

der Kopierer

نەرمەکالا

....

die Software

تەلەفۆن

....

das Telefon

ساکێتی دووشاخە

....

die Steckdose

ئامێری فەکس

....

das Fax

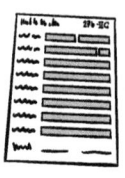

فۆرم

....

das Formular

بەڵگە

....

das Dokument

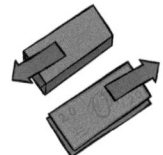

ئابووری
die Wirtschaft

کڕین
....
kaufen

پارەدان
....
bezahlen

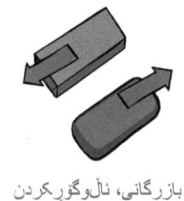

بازرگانی، ئاڵوگۆڕکردن
....
handeln

پارە، دراو
....
das Geld

دۆلار
....
der Dollar

یۆرۆ
....
der Euro

یەن
....
der Yen

ڕوبڵی ڕووسی
....
der Rubel

فرانکی سویسی
....
der Franken

یوان، یەکەی دراوی چینی
....
der Renminbi Yuan

ڕووپییە
....
die Rupie

مەکینەی پارە
....
der Bankomat

نووسینگەی گۆڕینەوەی دراو

....

die Wechselstube

زێڕ

....

das Gold

زیو

....

das Silber

نەوت

....

das Öl

وزە

....

die Energie

بەها، نرخ

....

der Preis

ڕێکەوتننامە

....

der Vertrag

باج

....

die Steuer

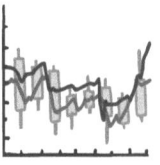

سەهام

....

die Aktie

کارکردن

....

arbeiten

کارمەند، کارکەر

....

der Angestellte

خاوەنکار

....

der Arbeitgeber

کارخانە

....

die Fabrik

دووکان

....

das Geschäft

فەرمانبەری پولیس
der Polizist
ئاگرکووژێنەر
der Feuerwehrmann
چێشتلێنەر
der Koch
دکتۆر
die Ärztin
فڕۆکەوان
der Pilot

باخەوان

der Gärtner

دارتاش، مەرەنگوێز

der Tischler

خەییات

die Schneiderin

دادوەر

der Richter

کیمیازان

die Chemikerin

شانۆگەر، شانۆکار

der Schauspieler

شۆفیری پاس

....

der Busfahrer

شۆفیر تاکسی

....

der Taxifahrer

ماسیگر

....

der Fischer

کڵفەت

....

die Putzfrau

وەستای سەربان

....

der Dachdecker

خزمەتکار

....

der Kellner

ڕاوچی

....

der Jäger

بۆیاخچی

....

der Maler

نانکەر

....

der Bäcker

کارەباچی

....

der Elektriker

بەننا

....

der Bauarbeiter

ئەندازیار

....

der Ingenieur

قەساب

....

der Schlachter

وەستای بۆری

....

der Installateur

پۆستەچی

....

die Briefträgerin

سەرباز
....
der Soldat

نەخشەکێش
....
der Architekt

ژمێریار، خەزنەدار
....
die Kassiererin

گوڵفرۆش
....
die Blumenhändlerin

ئارایشگەر
....
der Friseur

گەیێنەر
....
der Schaffner

میکانیک
....
der Mechaniker

کەشتیوان
....
der Kapitän

ددانساز، دوکتوری ددان
....
die Zahnärztin

زانا
....
der Wissenschaftler

مەلای جوولەکان
....
der Rabbi

ئیمام
....
der Imam

کەسی ئایینی
....
der Mönch

قەشە
....
der Pfarrer

ئامراز و کەرەستە

die Werkzeuge

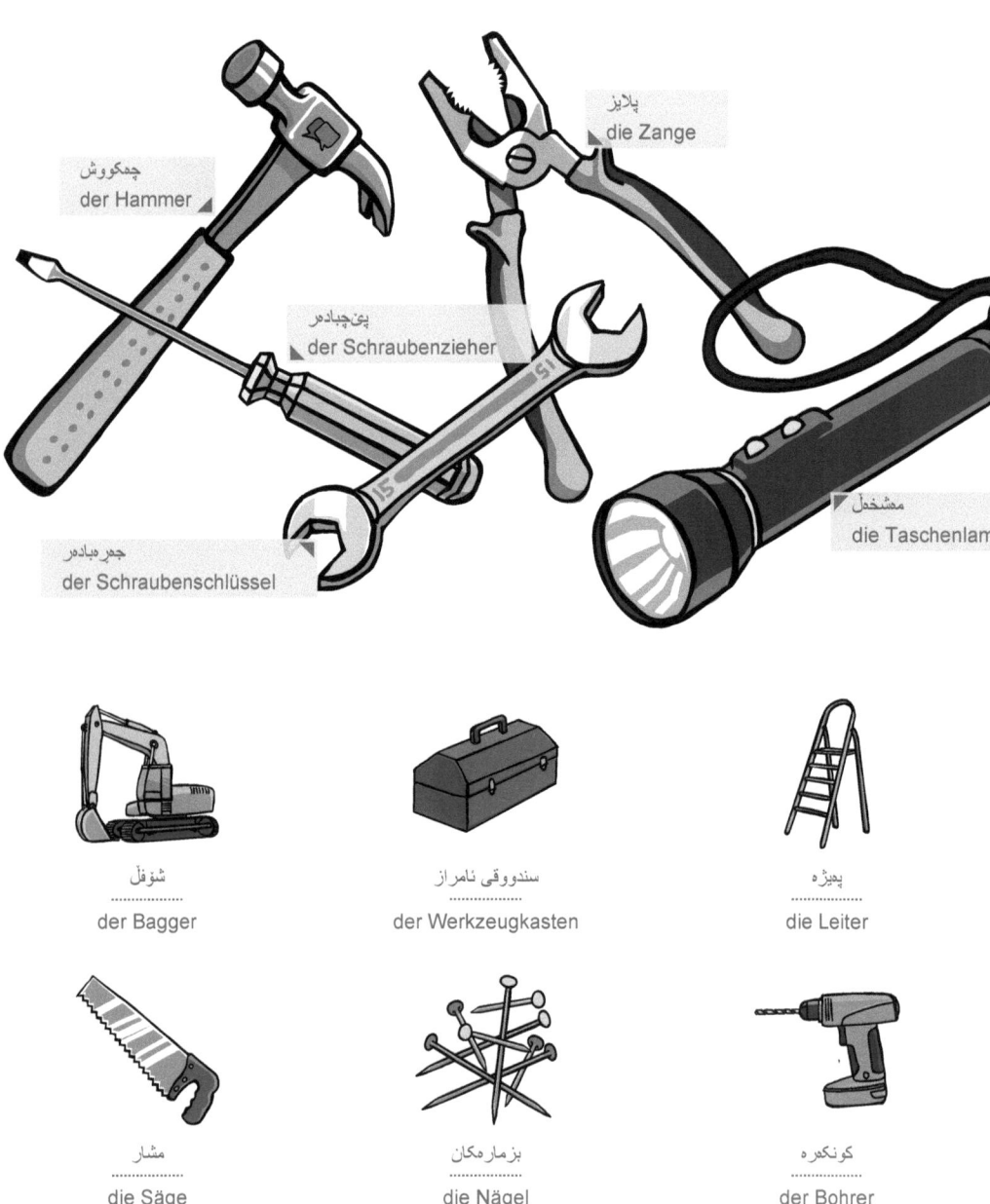

پلایز
die Zange
چەکووش
der Hammer
پێچبادەر
der Schraubenzieher
die Taschenlamp
جەرەبادەر
der Schraubenschlüssel

شۆفڵ
....
der Bagger

سندووقی ئامراز
....
der Werkzeugkasten

پەیژە
....
die Leiter

مشار
....
die Säge

بزمارەکان
....
die Nägel

کونکەرە
....
der Bohrer

چاککردنەوە
reparieren

پێمەڕە
die Schaufel

نەفرەت!
Scheiße!

خاکەناز
die Kehrschaufel

قتووی بۆیاخ
der Farbtopf

پێچەکان، جمڕەکان
die Schrauben

ئامێرەکانی مووزیک

die Musikinstrumente

قسەکەر، بڵندگۆ
der Lautsprecher
das Schlagzeug
گیتار
die Gitarre
جۆرێ گیتار
der Kontrabass
زوڕنا
die Trompete

پیانۆ

das Klavier

کەمانچە

die Violine

گیتار

der Bass

دەهۆڵ

die Pauke

تەپڵ

die Trommeln

تەختەکلیل

die Tastatur

ساکسافۆن

das Saxophon

فلووت، شمشاڵ

die Flöte

مایکرۆفۆن

das Mikrofon

باخچەی ئاژەڵان

der Zoo

ناڤدەر، دەروازە
der Eingang
der Tiger
der Käfig
das Zebra
خواردنی ئاژەڵان
das Tierfutter
ورچی پاندا
der Panda

ئاژەڵەکان

die Tiere

فیل

der Elefant

کانگۆرۆ

das Känguru

کەرکەدەن

das Nashorn

گۆریلا

der Gorilla

ورچ

der Bär

وشتر

....

das Kamel

وشترمریشک

....

der Strauß

شێر

....

der Löwe

مەیموون

....

der Affe

فلامینگۆ

....

der Flamingo

تووتی

....

der Papagei

ورچی جەمسەری

....

der Eisbär

پێنگوین

....

der Pinguin

قرش، سەگەماسی

....

der Hai

تاووس

....

der Pfau

مار

....

die Schlange

تیمساح

....

das Krokodil

پارێزەری باخچەی ئاژەڵان

....

der Zoowärter

سەگی دەریایی

....

die Robbe

پڵینگ

....

der Jaguar

ئەسپی قەزەم

das Pony

پشیلەی پڵینگی

der Leopard

ئەسپی ئاوی

das Nilpferd

زەرافە

die Giraffe

هەڵۆ

der Adler

بەرازی کێوی

das Wildschwein

ماسی

der Fisch

کیسەڵ

die Schildkröte

واڵڕاس، ئاژەڵێکی دەریایی

das Walross

ڕێوی

der Fuchs

ئاسک

die Gazelle

وەرزش

der Sport

تۆپی پێی ئەمریکی
das American Football
das Radfahren
تێنیس
das Tennis
تۆپی باسکە
der Basketball
مەلەکردن
das Schwimmen
هۆکی سەر سەهۆڵ
das Eishockey
بۆکسێن
das Boxen

فووتبۆڵ

....

der Fußball

بەدمینتۆن

....

das Badminton

وەرزشوان

....

die Leichtathletik

هەندباڵ

....

der Handball

خلیسکێن

....

das Skifahren

پۆلۆ

....

das Polo

die Aktivitäten

پێکەنین
lachen
بازکردن
springen
لەباوەشگرتن، لەئامێزگرتن
umarmen
بەڕێداڕۆیشتن، پیاسەکردن
gehen
گۆرانی خوێندن
singen
خەون دیتن، خەون بینین
träumen
پاڕانەوە، نوێژکردن
beten
ماچکردن
küssen

نووسین

schreiben

وێنەکێشان

zeichnen

نیشاندان

zeigen

پاڵ پێوەنان

drücken

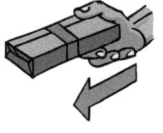

دان

geben

هەڵگرتن

nehmen

هەبوون

haben

کردن

machen

بوون

sein

ڕاوەستان

stehen

هەڵاتن

laufen

کێشان

ziehen

هاویشتن

werfen

کەوتن

fallen

درێژکردن

liegen

چاوەڕێبوون

warten

هەڵگرتن

tragen

دانیشتن

sitzen

جل لەبەرکردن

anziehen

خەوتن

schlafen

لەخەو هەستان

aufwachen

چاولێکردن
....
ansehen

گریان
....
weinen

جەڵتەلێدان
....
streicheln

قژداهێنان، شانەکردن
....
frisieren

قسەکردن
....
reden

تێگەیشتن
....
verstehen

پرسیارکردن، پرسین
....
fragen

گوێڕاگرتن
....
hören

خواردنەوه
....
trinken

خواردن
....
essen

ڕێکوپێک کردن
....
zusammenräumen

خۆشویستن
....
lieben

چێش لێنان
....
kochen

شۆفێری کردن
....
fahren

فڕین
....
fliegen

کەشتیوانی

....

segeln

حساب‌کردن، ژماردن

....

rechnen

خوێندنەوە

....

lesen

فێربوون

....

lernen

کارکردن

....

arbeiten

زەماوەندکردن

....

heiraten

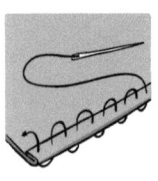

دورین، دورومانکردن

....

nähen

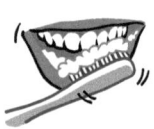

فڵچە لەددان دان

....

Zähne putzen

کوشتن

....

töten

جگەرەکێشان

....

rauchen

ناردن

....

senden

die Familie

دایەگەورە
die Großmutter
باوەگەورە
der Großvater
باوک، باب
der Vater
دایک
die Mutter
منداڵی ساوا
das Baby
کچ
die Tochter
der Sohn

میوان

der Gast

پوور

die Tante

مام، خاڵ

der Onkel

برا

der Bruder

خوشک

die Schwester

جەستە، لەش

der Körper

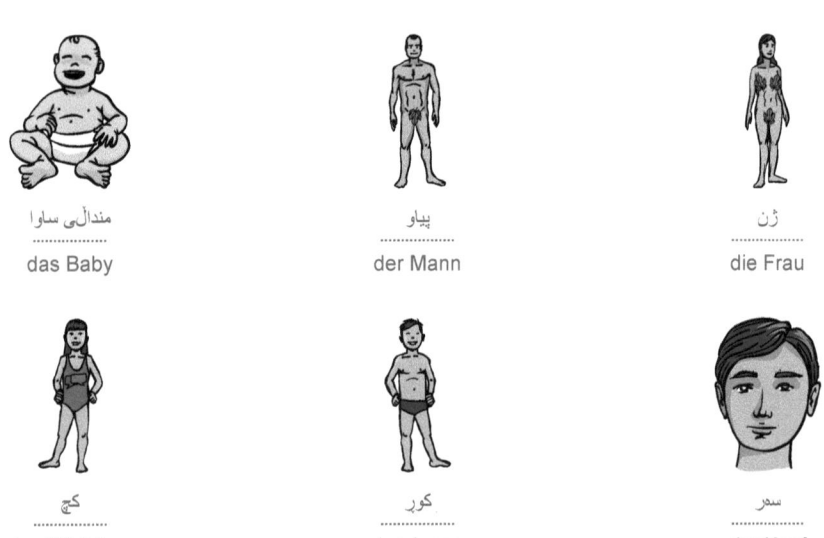

ناوچاوان، توێڵ
die Stirn
چاو
das Auge
شان
die Schulter
قامک
der Finger
دەموچاو، ڕوومەت
das Gesicht
چەنە
das Kinn
دەست
die Hand
لاق
das Bein
سنگ
die Brust
باسک، قۆڵ
der Arm

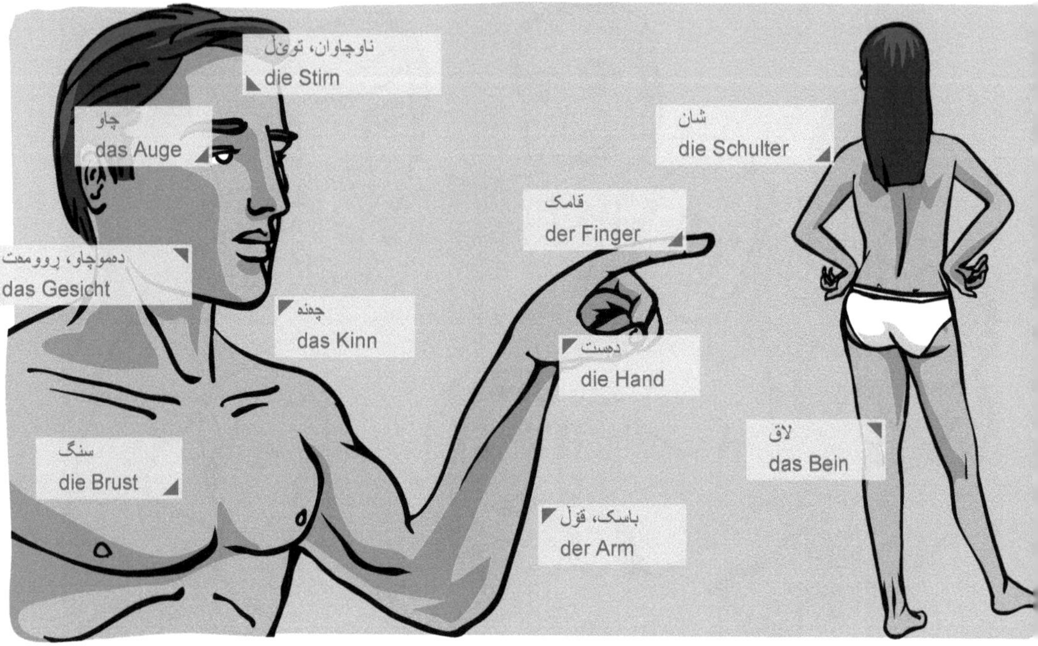

منداڵی ساوا

das Baby

پیاو

der Mann

ژن

die Frau

کچ

das Mädchen

کوڕ

der Junge

سەر

der Kopf

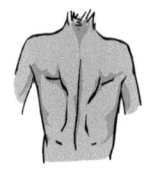

پشت

....

der Rücken

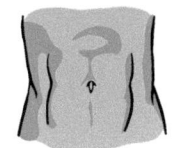

زگ

....

der Bauch

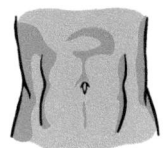

ناوک

....

der Nabel

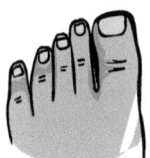

قامکی پێ

....

der Zeh

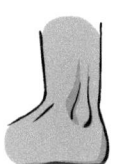

پاژنەی پێ

....

die Ferse

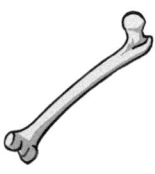

ئێسقان، ئێسک

....

der Knochen

سمت

....

die Hüfte

ئەژنۆ

....

das Knie

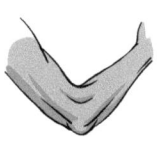

ئانیشک

....

der Ellbogen

لووت

....

die Nase

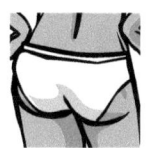

قوون

....

das Gesäß

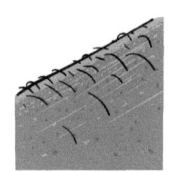

پێست

....

die Haut

گوپ

....

die Wange

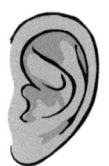

گوێ

....

das Ohr

لێو

....

die Lippe

دەم، زار

der Mund

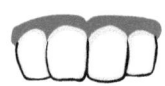

ددان

der Zahn

زمان

die Zunge

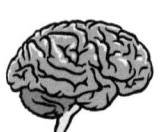

مێشک

das Gehirn

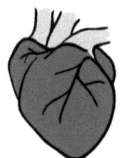

دڵ

das Herz

ماسوولکە

der Muskel

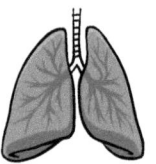

سپەلاک، سی

die Lunge

جەرگ

die Leber

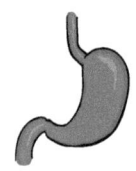

گەدە

der Magen

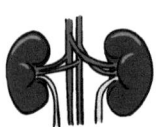

گورچیلە

die Nieren

سێکس

der Geschlechtsverkehr

کۆندۆم

das Kondom

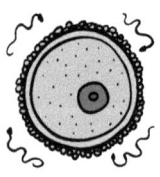

توو، گەرا

die Eizelle

تۆو

das Sperma

دووگیانی

die Schwangerschaft

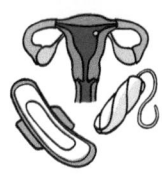

كەوتنە سەر خوێن

die Menstruation

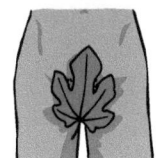

زێ

die Vagina

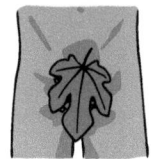

کێر

der Penis

برۆ

die Augenbraue

قژ

das Haar

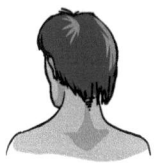

مل

der Hals

نەخۆشخانە، خەستەخانە

das Spital

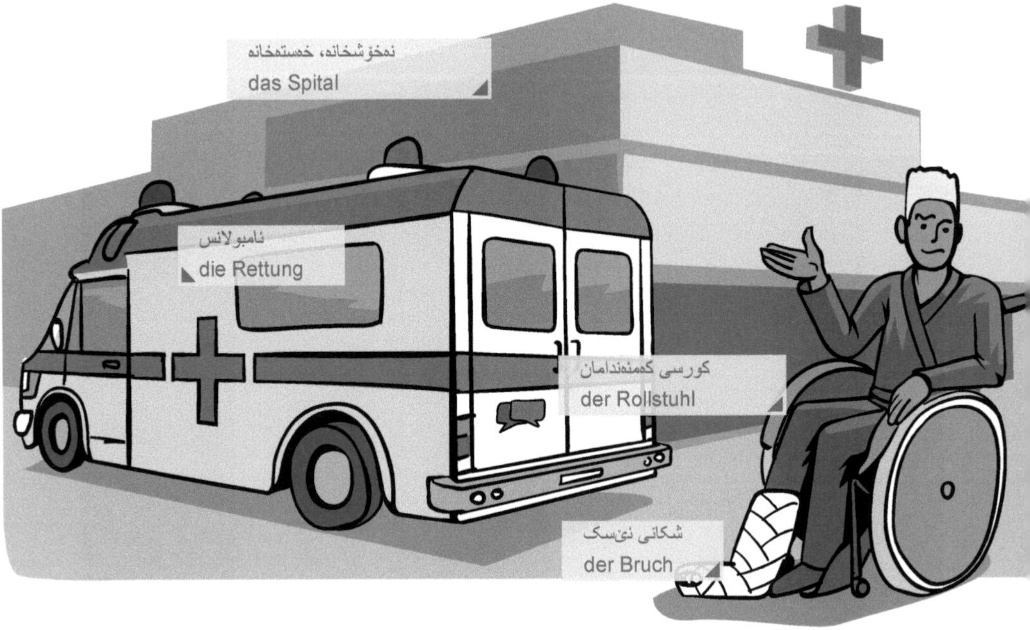

das Spital
ئامبولانس
die Rettung
کورسی کەمئەندامان
der Rollstuhl
شکانی ئێسک
der Bruch

دکتۆر

die Ärztin

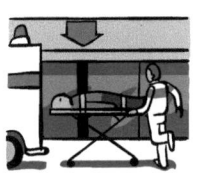

ژووری فریاکەوتن

die Notaufnahme

نەخۆشوان

die Krankenschwester

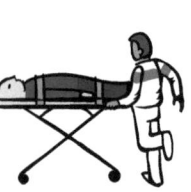

ئورژانس، بەشی فریاکەوتن

der Notfall

بێهۆش

ohnmächtig

ژان، ئێش

der Schmerz

بریندارى
....
die Verletzung

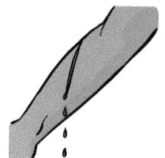

خوێنڕێژی
....
die Blutung

جەڵتەی دڵ
....
der Herzinfarkt

جەڵتە
....
der Schlaganfall

ئالێرژی، هەستیاری
....
die Allergie

کۆخە
....
der Husten

تا
....
das Fieber

ئەنفلۆنزا
....
die Grippe

زگچوون
....
der Durchfall

سەرێشە، ژانەسەر
....
die Kopfschmerzen

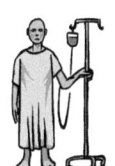

سەرەتان
....
der Krebs

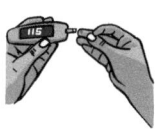

شەکرە
....
die Diabetes

نەشتەرگەر
....
der Chirurg

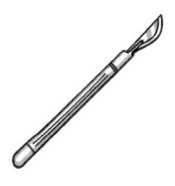

نەشتەر، چەقۆی تویکاری
....
das Skalpell

نەشتەرگەری
....
die Operation

CT

das CT

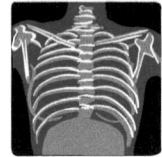

تیشکی ئێکس

das Röntgen

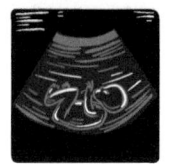

ئوڵتراساوند

der Ultraschall

ماسکی ڕوومەت

die Maske

نەخۆشی

die Krankheit

ژووری چاوەڕێبوون

das Wartezimmer

گۆچان

die Krücke

مشەما

das Pflaster

برین پێچ

der Verband

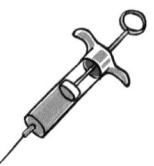

دەرزی لێدان

die Injektion

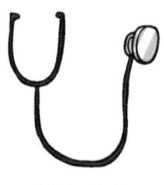

بیستۆکی پزیشک

das Stethoskop

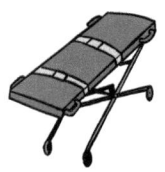

داربەست

die Trage

گەرماپێوی کلینیکی

das Thermometer

لەدایکبوون

die Geburt

زیادەکێش/قەڵەویی

das Übergewicht

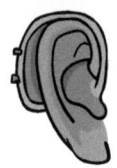

بیستۆک

....

das Hörgerät

میکرۆبکوژ

....

das Desinfektionsmittel

چڵک

....

die Infektion

ویروس

....

das Virus

ئەیدز

....

das HIV / AIDS

دەرمان

....

die Medizin

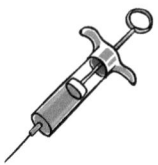

کوتان

....

die Impfung

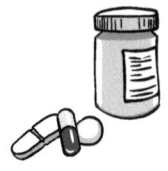

حەب

....

die Tabletten

حەب

....

die Pille

تەلەفۆنی فریاکەوتن

....

der Notruf

پیشانگەری پەستانی خوێن

....

der Blutdruckmesser

نەخۆش / سڵامەت

....

krank / gesund

ئورژانس، بەشی فریاکەوتن

der Notfall

یارمەتی!

Hilfe!

ئاگادارکردنەوە، ئەلارم

der Alarm

دەستدرێژی

der Überfall

هێرشکردن

der Angriff

مەترسی

die Gefahr

چوونەدەرەوەی ئورژانس

der Notausgang

ئاگر!

Feuer!

ئاگرکوژێنەوە

der Feuerlöscher

ڕووداو، پێشهات

der Unfall

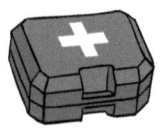

قوتووی یارمەتی فریاکەوتن

der Erste-Hilfe-Koffer

SOS

SOS

پولیس

die Polizei

ئەوڕۆپا

das Europa

ئەمریکای باکوور

das Nordamerika

ئەمریکاری باشوور

das Südamerika

ئافریقا

das Afrika

ئاسیا

das Asien

ئوسترالیا

das Australien

ئەتڵەسی، ئۆقیانووسی ئەتڵەسی

der Atlantik

زەریای هێمن

der Pazifik

ئۆقیانووسی هیندی

der Indische Ozean

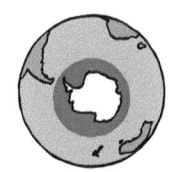

ئۆقیانووسی جەمسەری باشوور

der Antarktische Ozean

ئۆقیانووسی جەمسەری باکوور

der Arktische Ozean

جەمسەری باکوور

der Nordpol

جەمسەری باشوور

....

der Südpol

ناوچەی جەمسەری باشوور

....

die Antarktis

ئەرز، زەوی

....

die Erde

خاک، وشکانی

....

das Land

دەریا، زەریا

....

das Meer

دوورگە

....

die Insel

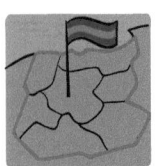

گەل، نەتەوە

....

die Nation

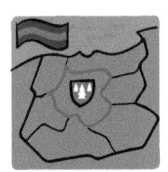

وڵات، پارێزگا، دەوڵەت

....

der Staat

die Uhr

روخساری کاتژمێر

....

das Ziffernblatt

نیشاندەری کاتژمێر

....

der Stundenzeiger

نیشاندەری خولەک

....

der Minutenzeiger

دەستی دوو

....

der Sekundenzeiger

کاتژمێر چەندە؟، سەعات چەندە؟

....

Wie spät ist es?

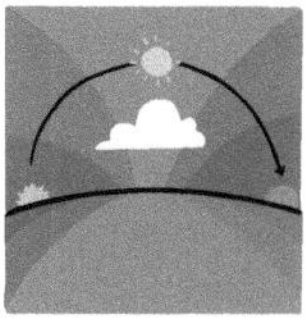

ڕۆژ

....

der Tag

کات، زەمان

....

die Zeit

ئێستا، هەنووکە

....

jetzt

کاتژمێری دیجیتاڵی

....

die Digitaluhr

خولەک

....

die Minute

کاتژمێر

....

die Stunde

die Woche

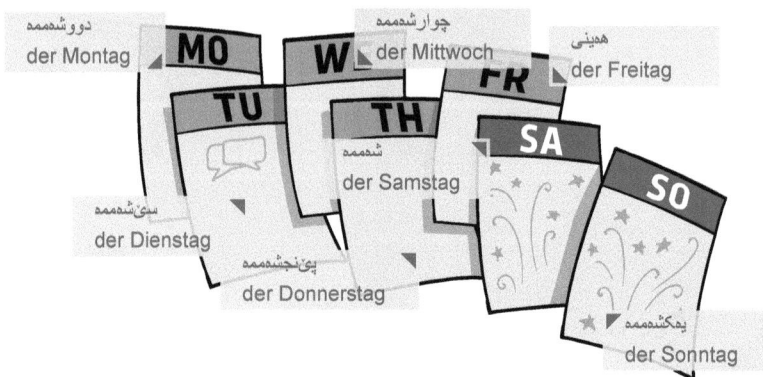

دووشەممە
der Montag

سێشەممە
der Dienstag

چوارشەممە
der Mittwoch

پێنجشەممە
der Donnerstag

هەینی
der Freitag

شەممە
der Samstag

یەکشەممە
der Sonntag

دوێنێ
....
gestern

ئەمڕۆ، ئەوڕۆ
....
heute

سبەینێ
....
morgen

بەیانی
....
der Morgen

نیوەڕۆ
....
der Mittag

ئێوارە
....
der Abend

ڕۆژی کار
....
die Arbeitstage

کۆتایی هەفتە
....
das Wochenende

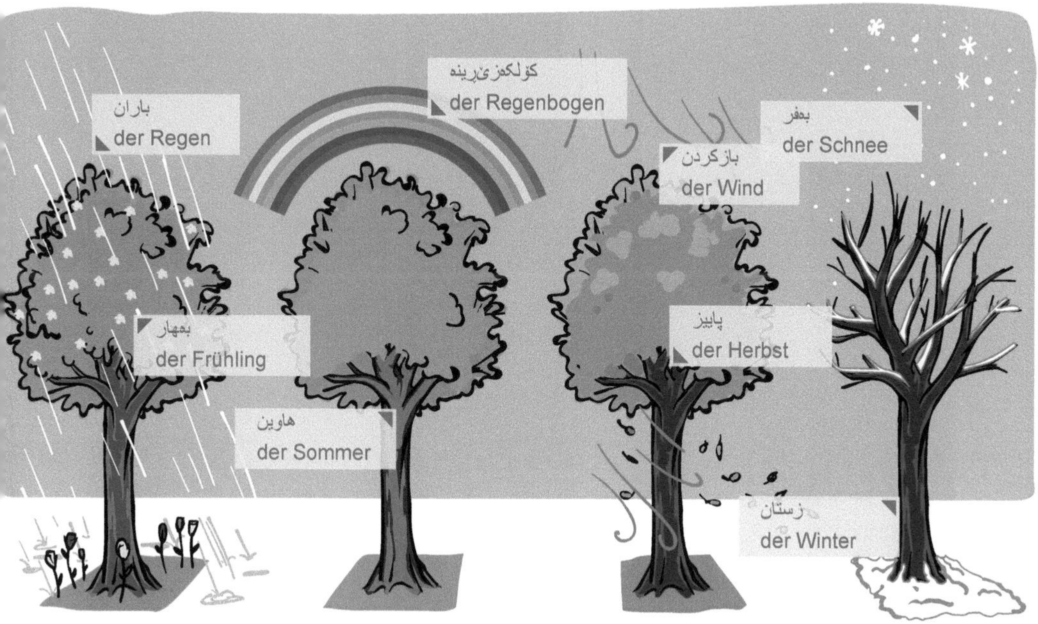

باران
der Regen
کۆلکەزێرینە
der Regenbogen
بەفر
der Schnee
بازکردن
der Wind
بەهار
der Frühling
پاییز
der Herbst
هاوین
der Sommer
زستان
der Winter

پێشبینی هەوا

die Wettervorhersage

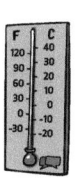

گەرماپێو

das Thermometer

خۆرەتاو

der Sonnenschein

هەور

die Wolke

تەمومژ

der Nebel

تەڕایی

die Luftfeuchtigkeit

هەورەتریشقە، بروسکە

der Blitz

هەورەگرمە

der Donner

باوبۆران، تۆفان

der Sturm

تەرزە

der Hagel

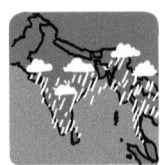

مانسوون

der Monsun

لافاو

die Flut

سەهۆڵ

das Eis

جانیەوەری

der Jänner

فێبریوەری

der Februar

مارچ

der März

ئەیپریل

der April

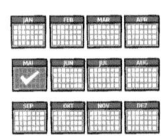

مەی

der Mai

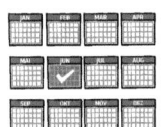

جوون

der Juni

جوولای

der Juli

ئۆگۆست

der August

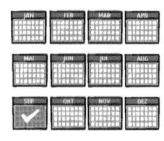

سیَپتەمبەر

der September

ئۆکتۆبەر

der Oktober

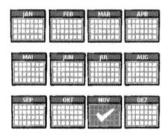

نۆڤەمبەر

der November

دیَسەمبەر

der Dezember

شێوەکان

die Formen

بازنە

der Kreis

چوارگۆشە

das Quadrat

چوارگۆشەی درێژ

das Rechteck

سێگۆشە

das Dreieck

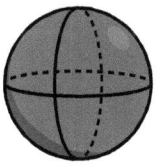

تۆپ، گۆ

die Kugel

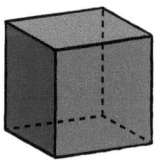

خشتەک

der Würfel

ڕەنگەکان

die Farben

سپی

weiß

زەرد

gelb

پرتەقاڵیی

orange

پەمەیی

pink

سوور

rot

بنەوش

lila

شین

blau

سەوز

grün

قاوەیی

braun

بۆر

grau

ڕەش

schwarz

دژبەرەکان

die Gegenteile

زۆر / کەم

viel / wenig

تووڕە / لەسەرەخۆ

wütend / friedlich

جوان / ناحەز

hübsch / hässlich

سەرەتا / کۆتایی

der Anfang / das Ende

گەورە / چکۆلە

groß / klein

ڕووناک / تاریک

hell / dunkel

برا / خوشک

der Bruder / die Schwester

خاوێن / چڵکن

sauber / schmutzig

تەواو / ناتەواو

vollständig / unvollständig

ڕۆژ / شەو

der Tag / die Nacht

مردوو / زیندوو

tot / lebendig

پان / تەنگ

breit / schmal

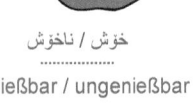

خۆش / ناخۆش

genießbar / ungenießbar

نەگریس / بەبەزەیی

böse / freundlich

وروژاو / بێزار

aufgeregt / gelangweilt

قەڵەو / لاواز

dick / dünn

یەکەم / ئاخر

zuerst / zuletzt

دۆست / دوژمن

der Freund / der Feind

پڕ / خاڵی

voll / leer

ڕەق / نەرم

hart / weich

قورس / سووک

schwer / leicht

برسی / توونی

der Hunger / der Durst

نەخۆش / سڵامەت

krank / gesund

نایاسایی / یاسایی

illegal / legal

زیرەک / گەمژە

gescheit / dumm

چەپ / ڕاست

links / rechts

نزیک / دوور

nah / fern

نوێ / کۆن، بەکارهاتوو

neu / gebraucht

هیچ شتێک / شتێک

nichts / etwas

پیر / لاو

alt / jung

هەڵکراو / کوژاوە

an / aus

کراوە / داخراو

offen / geschlossen

بێدەنگ / دەنگی بەرز

leise / laut

دەوڵەمەند / هەژار

reich / arm

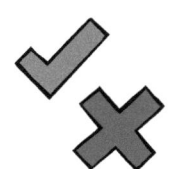

ڕاست / هەڵە

richtig / falsch

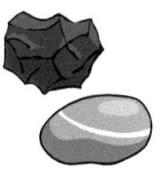

زبر / ساف

rau / glatt

خەمین / خۆشحاڵ

traurig / glücklich

کورت/ درێژ

kurz / lang

هێواش / خێرا

langsam / schnell

تەڕ / وشک

nass / trocken

گەرم / فێنک

warm / kühl

شەڕ / ئاشتی

der Krieg / der Frieden

ژمارەکان
die Zahlen

0	**1**	**2**
سیفر	یەک	دوو
null	eins	zwei
3	**4**	**5**
سێ	چوار	پێنج
drei	vier	fünf
6	**7**	**8**
شەش	حەوت	هەشت
sechs	sieben	acht
9	**10**	**11**
نۆ	دە	یازدە
neun	zehn	elf

12
دوازده
zwölf

13
سێزده
dreizehn

14
چوارده
vierzehn

15
پازده، پانزه
fünfzehn

16
شازده
sechzehn

17
حەفده
siebzehn

18
هەژده
achtzehn

19
نۆزده
neunzehn

20
بیست
zwanzig

100
سەد
hundert

1.000
هەزار
tausend

1.000.000
میلیۆن
Million

زمانەکان
die Sprachen

ئینگلیزی

....

Englisch

ئینگلیزی ئەمەریکی

....

Amerikanisches Englisch

چینی ماندارین

....

Chinesisch (Mandarin)

هێندی

....

Hindi

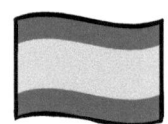

ئیسپانی

....

Spanisch

فەرەنسی

....

Französisch

عەرەبی

....

Arabisch

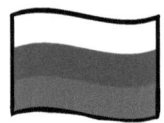

ڕووسی

....

Russisch

پۆرتوگالی

....

Portugiesisch

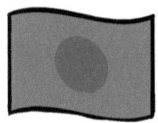

بەنگالی

....

Bengalisch

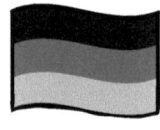

ئاڵمانی

....

Deutsch

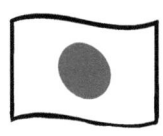

ژاپۆنی

....

Japanisch

کێ / چی / چۆن
wer / was / wie

من

ich

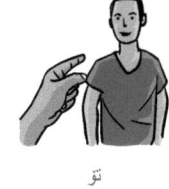

تۆ

du

ئەو

er / sie / es

ئێمە

wir

ئێوە

ihr

ئەوان

sie

کێ؟

Wer?

چی؟

Was?

چۆن؟

Wie?

لەکوێ؟

Wo?

کەنگێ؟ کەی؟

Wann?

ناو

Name

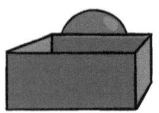

شوێن

wo

لەپشت

hinter

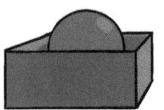

لە

in

لەپێش

vor

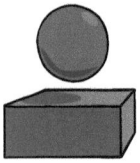

سەری

über

لەسەر

auf

ژێر

unter

لە تەنیشت

neben

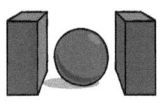

لەنێوان

zwischen

شوێن، جێ

der Ort